사막여우가 우는 저녁

정솔

시인의 말

앓을 알아야겠다고 흔히 말하는 세월이라는 것을 낙타처럼 걸어갔다 걸어도 걸어도 세월은 끝날 기미를 보이지 않고 나에게 암이라는 것을 툭 던져 주었다 그날부터 나는 앓보다 암에 목숨 걸었는데 지나고 보니 이 또한 앓의 일부였다

요즘은 저녁 같은 하루가 내게 있어
참 다행이다

2025년 가을
정솔

사막여우가 우는 저녁

차례

1부 턱에 끈을 단단히 묶었는데도

선물	11
시간 마켓	12
yes	14
통과 신호	16
꽝꽝나무	18
삼촌 신발	20
자벌레	22
수작	23
손 없는 날	24
수심	26
슬하	28
압정	29
물딱지	30
아래 下	32

2부 게발선인장처럼 매달려 있다

공즉시색 색즉시공	37
고비사막	38
취준생	40
물수제비	42
말	44
피차	46
소망	48
꿈	49
암만	50
재물선	51
부탁	52
파스	54
자네 의자	56
와 봐	58

3부 아무 일 없었던 것처럼 웃고 싶은데

지지	61
무죄	62
빗금	64
탈	66
순수의 기척	68
나무 침대	70
주변인	71
포노 사피엔스	72
사막 읽는 법	74
서바이벌리즘	76
삼나무	78
다리	79
야옹!	80
말풍선	82

4부 오늘도 나는 세상 간 보는 일로

신성리 갈대숲	85
빨래	86
흡연 구역	88
훨훨	90
변심	92
일곱 색깔 무지개	93
유죄	94
간	96
반려 봉투	98
궁리	100
가위 사용법	102
운	104
손	106
접속	108

해설

상호주의적 인간미와 심미적 각성의 의미　　109
―유종인(시인)

1부
턱에 끈을 단단히 묶었는데도

선물

성산포항에서
우도 가는 여객선을 탔습니다

갑판에서 성산일출봉을 보려고 뒤돌아서는 순간 모자가 날아갔습니다 턱에 끈을 단단히 묶었는데도 누가 벗겨 가듯 날아가 해녀의 테왁처럼 두둥실 바다에 떠 있습니다 산발된 내 머리카락이 귀신 놀이를 해도 눈 하나 꿈쩍 안 하고 나와 멀어질수록 너울너울 춤만 춥니다 내 모자가 춤을 좋아하는 줄 미처 몰랐습니다 갈매기가 배 언저리에서 낮게 나는 걸 보니 우도가 가까워졌나 봅니다 내실로 들어가 손가락으로 산발된 머리카락을 쓸어 올리며 한마디 했습니다

제주도 용왕님은 모자를 좋아하나 봐!

깔끔하게
선물 하나 했습니다

시간 마켓

시간 없다 말하지 마세요
시간 매장에는 팔려는 시간이 넘쳐납니다

한 번 사면 다시 살 수 없는 젊음의 시간도 있고요
눈 한번 꿈쩍하면 사라지는 찰나의 시간도 있어요

할 일 없는 시간은 뒤쪽에 쌓아 두었고요
구설의 시간이나 악성 루머의 시간은 한쪽 구석에 있어요
너도나도 대는 핑계의 시간은 묶음 판매 중입니다

여긴 아날로그 매장이라는 건 알고 계시죠
활기찬 오프라인 매장입니다

아직 진열하지 못한 시간도 있어요
갓 구운 빵 냄새, 주말여행, 파도 소리, 자전거 하이킹 등 떠올리기만 해도 기분 좋아지는 시간은
아직 진열하지 못했으니 조금만 기다려 주세요

어느 시간을 구매할지 정하셨나요
 구매할 의사가 있으시다면 정확한 시간의 이름을 말해 주세요
 시간 포장은 직접 하셔야 합니다

 구매하신 시간에 대해 반품과 교환은 불가하오니
 신중을 기해 주시기 바랍니다

 후회는 금물입니다

yes

공기놀이를 합니다

아메리카노를 시켜 놓고 먼저 던지려는 무질서에 커피잔이 엎질러집니다 나는 뒷전에서 쥐기도 전에 자꾸만 당신을 놓칩니다

게임이 진행될수록 목소리 커지고 얼굴 붉어지고 공기 탁해져 공깃돌들이 일제히 튀어 오릅니다

최선일까요

내겐 당신이 공깃돌이니 차 한 잔 더 시키겠습니다 yes
집에 있는 당신을 조금 더 털어도 되겠습니까 yes
공깃돌을 내동댕이쳐도 되겠습니까 yes

친애하는 뒷담화는 난감할 상황은 아니지만 털수록 당신만 자빠집니다

오늘의 공기놀이는 오후 3시 고속버스 출발 전에 끝내고 집으로 돌아가는 길엔 시치미 뚝 떼고 자빠진 당신을 일으켜 세웁니다

나는 언제까지 이 공기놀이를 해야 할까요?

통과 신호

나를 뒤로 한 발 물러나게 하더니
붉은 지휘봉을 들고 그가 나를 지휘한다

이것저것 든 가방을 내려놓게 하고
웃옷을 벗게 하고
급기야 신발까지 벗게 한다
그리고는 벌서듯 두 손까지 들어 올리라 한다

십자가에 매달린 예수처럼 두 팔 벌리고 서 있으니
샅샅이 뒤진다

내 몸 구석
암이냐 아니냐
죽느냐 사느냐를 놓고
의사가 붉은 볼펜을 메스처럼 잡고 사진 판독을 하던 그날처럼

그렇게 무장 해제 당하고

탈탈 털렸다

순간 나는 내가 뭘 그리 잘못했나 되짚어 보는 중인데
지휘봉을 든 그가 짧게 통과 신호를 보낸다

청주행 8번 게이트를
마취에서 막 깬 듯 나왔다

일행이 웃는다

꽝꽝나무

꽝꽝,
국경 수비대 같습니다

함부로 들어오지 말라는 울타리라거나
안을 보여 주지 않으려고 만든 담이라고 말하는데

내겐 저 안의 사람이 궁금해도
그 사람을 잊으라는 마음의 국경 수비대 같습니다

꽝꽝,
근무 교대 없이 보초병들이 밤낮으로 나를 살피고 있습니다

그럴수록 나는
까치발을 들다가 고개를 빼내다가
폴짝폴짝 뛰어도 보지만 보이지 않습니다

방심은 금물이랬죠

꽝꽝 나무가 한눈파는 사이 비집고 들어갔습니다

보초에 실패한 꽝꽝 나무가 꽝꽝거립니다
내 마음도 꽝꽝거립니다

삼촌 신발

알뜨르 비행장 추모비 앞
짝짝이 검정 고무신들이 전시되어 있다

이유도 모른 채 끌려가던 사람들이
신발 보고 찾아오라고 하나씩 벗어 놓았던
검정 고무신

머리카락 보일 때 숨은 사람을 찾는데
신발 보고 찾은 사람들

대정 오일장에서
해삼 한 바구니와 바꾸어 왔다는 삼촌의 왕자표 검정 고무신도
삼촌처럼 입을 다물지 못하고 있다

물에 띄우면 가장 먼저 가는 여객선이 되었고
신발 던지기 할 땐 가장 멀리 날아가는 비행기가 되었던

삼촌의 검정 고무신

불에 탄 삼백사십 명의 죽음을 알리는 표식이 되었던 신발이
진혼곡을 제 안에 재워 놓고 있어

삼촌이 끌려갔던 그 길을
맨발로 걸어가 본다

삼촌,

자벌레

   봄나물 삶아 먹겠다고 다래나무 덩굴 위로 올라가 덩굴을 휘어잡는데 자벌레가 나보다 먼저 잎을 갉아 먹고 있었다

   나는 자벌레가 무서워 가지를 잡고 마구 흔들자 자벌레는 입에서 줄 하나 빼어 물고 대롱대롱 매달려 있다

   외줄이 끊어지면
   자벌레는 천 길 낭떠러지로 떨어질 것이다

   옴찔하며 자벌레를 피해 뒷걸음치다 넘어졌고 외줄에 매달렸던 자벌레도 내 가슴 위로 떨어졌다

   순식간의 일이었는데 자벌레가 내 인품을 재 보는지 한 자 두 자 재더니 고개를 번쩍 들고 머리를 좌우로 흔들며 나를 노려본다

   이 인간아! 하듯

수작

지난해 다녀간 봄이 다시 다녀가려 해
곤히 잠든 지구의 옆구리를 호미로 살살 긁었다

지구가 뒤척이는 모습을 보지 못했지만
봄 냄새가 풀풀 나

지구의 옆구리에 땅콩 세 알을 꾹꾹 눌러 심었더니 한 알은 비둘기가 빼먹고 한 알은 하늘이랑 놀겠다고 배꼽 드러내 놓고 누워 있고 마지막 한 알은 지구의 옆구리에서 뿌리를 내리며 지구와 눈치작전 중이다

땅콩은 키 좀 키워야겠다고 하늘에 수작을 걸고
지구의 옆구리는 두 쪽의 알을 꽉 움켜쥐고 가만히 있으라고 한다

누가 이길지는 이 봄이 지나 봐야 아는 일이라
나는 맨발로 봄이나 밟으며 걸었다

손 없는 날

1월 10일
수요일 체감 온도 영하 15도
오리털 바지와 오리털 잠바를 입고도 추운 날

지인의 집에서
눈에 유독 띄었던 작은 화분 하나 얻어
작은 상자에 넣고 뽁뽁이로 감싸고 다시 비닐을 씌워 가방에 넣고 나오며
이름을 물어보니 덩굴해란초란다

이대로 나가면
덩굴해란초가 나보다 먼저 얼어 죽을 수도 있겠다 싶었지만
뽁뽁이를 믿고
손 없는 오늘을 믿고

가자!
우리 집으로

오다가 나도 모르게 흔들던 가방을 멈추고
아직 얼어 죽지 않았지?
별일 없지?
살펴보니
흙이 쏟아졌는지
덩굴이 끊어졌는지
실핏줄 같은 덩굴이 추위에 떠는지
가방 속에서 아픈 냄새가 새어 나온다

그때
젊은 남녀가 지나가면서
어이없다 너는 손이 없니? 왜 나만 가방을 들어야 하는데
너 때문에 못 살겠어
추워 죽겠는데

손 없는 날이었다

수심

화양동 계곡에서 돌 하나 가져왔다

돌은
화양동의 빼어난 산수를 닮았고 등고선도 그려져 있다
안 오겠다고 황소처럼 버티는 걸 살살 달래 데려왔다

돌만 봐도
자연이 되는 오후

돌이 오후를 끌고 가다
TV 속 새소리 물소리에 집중한다
저 돌의 수심

강의 수심을 떠나온 수심이 깊어
먹먹한 채 TV를 들여다보는 돌의 이마가 푸석해진다
보내야겠다

수심에 빠져 있는 돌을
수심에 빠져 있는 나를

더 이상 수심의 깊이를 만들지 말아야겠다 싶어
돌을 들고 일어났다

화양동 계곡 수심은 그대로였다

슬하

슬하가 시려요 아이들은 저 혼자 자랐다고 툭툭 털며 갔어요 빈 슬하엔 약봉지 같은 허전함만 남았어요 슬하가 비었으니 뭐라도 들여놔야 할 것 같아 오래전 내보낸 기쁨이와 슬픔이를 데려왔어요 슬픔에겐 기쁨이 기쁨에겐 슬픔이 제격이라 둘 다 데려왔어요 기쁨과 슬픔이 데리고 노는 일이 유일한 소일거리가 되었어요 기쁨과 슬픔은 서로 나를 차지하겠다고 달려들어요 오늘은 기쁨이가 삐져서 어딘가에 숨고 슬픔만이 화사해요 그래도 괜찮아요 다 내 슬하잖아요 내일은 기쁨이 화사할 거예요 언젠가는 나도 화사해질 때가 오겠죠

압정

 알림판에 메모지를 꽂았던 압정이 떨어진 줄 모르고 발로 밟고 보니 세상 알림판에 나를 꽂아 놓은 꼴이 되었다 알림판에 박히긴 박혔는데 덜 박혔는지 덜렁거리고 몸에 새겨진 글자들이 흐릿해 아예 확 박아 버렸다 그제야 글자들이 피보다 먼저 왈칵 쏟아졌다

 웃는 게 웃는 게 아니야
 사는 게 사는 게 아니야

 대충 읽고 압정을 빼내려는데 빠지지 않는다
 제대로 다 안 읽어서 그런가?

물딱지*

기찻길 옆 변두리
노오란 쪽방은 번지수 없는 민들레촌

기찻길에 주인인 기차가 지나가면
지붕은 지진 맞은 듯 흔들리다
덜컹덜컹 소리를 내며 우는
무허가 민들레촌

재개발 딱지 한 장 얻어 정착할 줄 알았는데
아직도 속 빈 강정이고 무일푼이라
올 봄
줄지어 하얗게 내놓은 이삿짐들

엎드리면 코 닿을 곳으로 이삿짐 단단히 이고 이사 갔다가
되돌아오는 민들레 이웃들

기차가 칙칙폭폭 달려와

이삿짐을 하얗게 하얗게 풀어 놓는

번지수 없는 민들레촌

* 개발 예정지의 철거민이나 원주인에 대한 보상책으로 주어지는
아파트 특별입주권을 받을 권리나 가능성을 속되게 이르는 말.

아래 下

잔 속에 얼음이 떠 있다

융프라우에서 본 듯한 만년설의 빙하 한 조각이
잔 안에서 급속도로 녹고 있다

위스키가 든
온더록스 잔 속으로 녹아내리는 만년설
목으로 거침없이 넘어간다

요즘 세상에 제정신으로 산다는 게 쉬운 일은 아니
라서
목으로 거침없이 넘긴다
술술

알프스가 위스키를 마셨는지
내가 알프스를 마셨는지
따지기 전에
또 한 잔 받는다

잔 속엔 여전히 빙하 한 조각 떠다니고

스스로 녹아내리는 빙하를 바라보며
방심처럼 나도 녹아내린다

다짐을 마셨는지
다혈을 마셨는지

쩍! 하고 올라오는 취기가
아래 下를 선호한다
모두

2부
게발선인장처럼 매달려 있다

공즉시색 색즉시공

    공원 의자에 빈 종이컵 놓여 있다 종이컵에 꽃잎 물려 있다 붉은 입술 물려 있다 꽃잎 격렬하게 물고 있다 비바람에도 떨어지지 않을 기세다 들켰다 들켜서도 붙어 있다 입술이 문 것은 공이고 컵이 문 것은 색이다 아니 입술은 색이고 컵은 공이다 얼마나 뜨거울까 나는 지금 공즉시색 색즉시공을 적나라하게 보고 있다

고비사막

생의 고비를 풀어놓을 사막을 찾는다

그곳에서 사막 자투리 서너 평 떼어 와 한 무리 부족을 이루면 족장쯤 될 수 있을까

내일이 별처럼 쌓여 가는 사막
별이 희망처럼 떠 있는 사막

낙타의 방울 소리가 쩔렁이며 아침을 여는
문을 열면 무럭무럭 사막이 자라는

어디까지 왔나

사막여우같이 생긴 여자가 오아시스 물을 퍼다 물 조리개로 뿌려 사막을 가꾼다 여자는 메카를 향해 경배한 후 사막을 한 삽씩 퍼 올리며 모래 먼지를 만든다 그렇게 나를 평정해 가는 사막이 눈앞에 펼쳐진다

길고 긴
뒷길

내가 걸어온 길이 온통 게발선인장처럼 매달려 있다
아무리 흔들어도 떨어지지 않는 발자국들

그렇구나

잠깐이 모인 시간 속에 흘러내린 발자국은
모두 고비고 사막이고

아직 진행형이고

취준생

반은 햇빛이 기웃거리고 반은 그늘이 데려간 지하

냉장고 고장 나니 세탁기 고장 나고 프린터기 잉크 떨어지니 A4용지 덩달아 떨어지고 납기일 지난 공과금 명세서만 묶음으로 묶이고 사람 냄새보다 짐짝 냄새가 난무하는

입으로 막막하다 말하면
뇌는 참담하다로 풀어놓아

기도는 십자가보다 올라가야 할 곳을 바라보며 하는 게 나을 것 같아 창문 너머 나무 꼭대기를 바라보며 기도를 한다

계단처럼 쌓인 책이 탄탄대로 길을 열게 해 주시고 삼시세끼 컵라면은 이제 그만 안녕하게 해 달라고 두 손 모으다가

식은 황금 붕어 한 마리 지느러미부터 씹는다

꾸역

꾸역

물수제비

돌의 꿈은 걸어 보는 일입니다

닳고 닳은
둥글어진 돌을 골라 수면에 던질 땐
몸은 낮추고 한쪽 눈을 감아야
제대로 물수제비가 떠집니다

돌이
구르기는 합니다만
한 번도 걸어 본 적 없을 거라
오늘은 작은 돌에게 걸어 보라고 물수제비를 뜹니다

아장-장-장
돌 하나가 아기 걸음마처럼 갑니다

물 위에서 아슬아슬 걸어가던 돌멩이가
안간힘을 다해 불시착합니다

어떤 돌멩이는 서너 발짝 떼고 불시착하고
어떤 돌멩이는 예닐곱 발짝 떼고 불시착합니다만

돌멩이는 물 위를 퐁 퐁 퐁 걸으며
물속 하나, 물속 둘, 물속 셋……을 들여다봅니다

나도 저 돌멩이처럼 들여다보고 싶어집니다
세상 하나, 세상 둘, 세상 셋……
눈을 크게 뜨고

말

아침이면
밥 한술보다 말 한술 뜨는 일이 허다하다
말 한술 뜨다 보면 말이 되올라 와 혼잣말이 되었다가 입이 닫히기도 한다

떠먹여 주는 말 한술에 배불러 죽겠다 할 수도 없고
얻어먹는 말에 속이 허하다 할 수도 없는
말,

남의 밥이 커 보이는 밥상 앞에서
숟가락 들지 않고 말 한술로 천 냥 빚을 갚기도 하지만

뛰는 말 위에 나는 말도 있어 천 리까지 갔다 되돌아오면
뒤통수가 깨지고 창자가 뒤틀리기도 하는

말, 말, 말 많은 세상

채찍도 많아

소화제 좀 주세요

아침부터 말 한술 어떻게 먹을까
어떻게 먹일까

탈 많은 말을

피차

왼손을 고이 모시고 연합정형외과에 왔다

넘어지셨어요?
손등에 다섯 개의 힘줄이 있는데 두 개에 염증이 생겼네요
나으려면 수개월 걸리겠어요

넘어진 기억이 없는데
아파도 이러다 낫겠지 하고 수수방관했던 왼손
함부로 써먹다 오거리에서 병목 현상을 앓는 모양이다

나는 타고난 왼손잡이
손윗사람처럼 무슨 일이든 왼손이 먼저 나섰고
오른손의 일을 물끄러미 지켜볼 줄도 알아야 했는데 그러질 못해

당분간 왼손을 쓰지 말라는 의사의 경고를

정중히 모시고 왔다

그날부터
서성이는 게 천성인 오른손이
왼손 대신 생활에 진화를 나섰으나 더 불만 질러
밥숟가락 잡은 오른손을 깁스한 왼손이 물끄러미 바라본다

불편하기는 피차일반

소망

　사람이 죽으면 귀가 제일 늦게 닫힌다는데 나 죽을 때 아들이 귀에 대고 엄마 사랑해 하면 하나 마나 한 말 치우라고 할 테고 엄마 미안해 하면 나도 조금은 미안해서 알았다 할 테고 엄마 잘 가 하면 가기 싫어져서 꿀밤 한 대 주려 하겠지 그것보단 엄마 내년 제사 때 꼭 와 하면 서둘러 갔다 올 생각에 눈 딱 감고 맘 놓고 좋아하겠지

꿈

복권을 샀다
아버지가 꿈에서 일러 준 여섯 자리 숫자를 꾹꾹 눌러

토요일 저녁을 기다리며 아우디를 사고 아우토반을 질주한다 프랭땅 백화점에서 루이뷔통 핸드백을 사고 산토리니에서 노을을 보며 저녁을 먹는다 구찌 립스틱을 바르고 지우기를 반복하다 스위스에서 산 피아제 시계가 잘 보이도록 반팔 티를 입고 선글라스를 만지작거린다 22일간의 크루즈 여행길엔 흰 파도 같은 드레스를 입고 와인을 마신다 이탈리아에선 남자로 태어나 보기도 한다

토요일이 지나갔다
다시 아버지를 만나러 가는 중이다

암만

밝음이 두려울 땐 암막 커튼을 치자

눈 가리고 야옹 하자 한낮을 가리고 어흥 하자 암막 암막 키스하자

부끄러웠던 말을 하자 비밀을 까자 홀라당 벗어던지자 덤비자 암막이 힐끔힐끔 바라봐도 무시하자 캄캄한 일을 망봐 주니 커튼은 커튼대로 우리는 우리끼리 흥분하자

커튼이 한순간 젖히고 눈앞이 캄캄해지면 좀 전의 일은 일도 아니었다고 시침 뚝 떼고 눈을 감자 웃음기 지우고 암막암막 되자

그렇다고 시도 때도 없이 내가 대낮을 싫어하는 건 아니다

암만

재물선

 거친 손을 쓰다듬는다 물기 없이 뻣뻣한 것이 거북이 등가죽 같다 이 손으로 세상일 하고 이 손으로 밥 먹었다 그런 손의 손등을 돌려 보니 여러 갈래의 길이 손바닥 안에 있다 생生의 신호등도 교통 체증도 무시하고 달려 나간다고 나갔는데 재물선은 옆으로 새 있다 오늘에서야 알았다 재물선이 가난한 나만 따라다녔다는 것을

 손바닥에 정지선 가득하다

부탁

길상사에 갔다

부처님 앞에 오천 원을 놓고 동생이 절을 한다
엉겁결에 나도 삼만 원이 든 바지 주머니에서 오천 원을 꺼내 부처님 앞에 놓고
곁눈질로 동생 따라 절을 한다

스님 염불 소리에
절 한 번 하고 가족 건강 부탁드리고
절 한 번 하고 아들 승진 부탁드리고
절 한 번 하고 나는 100세까지만 살게 해 달라고 부탁 중인데

무릎 꿇을 때마다
바지 주머니에서 이만 오천 원이 슬금슬금 기어 나와
슬쩍슬쩍 밀어 넣었다
부처님 미소가 얼굴에 닿아 쓰윽 문지르며

동생 따라
절을 멈출 수 없는 나는
무릎이 저리고 온몸이 땀방울로 뒤범벅이 돼
촛불은 가만히 있는데 내가 자꾸 흔들렸다

부탁드릴 것이 아직 많이 남았는지
동생의 절은 끝날 기미가 보이지 않는다

오천 원어치보다 더 많은 부탁을 해
죄송합니다

파스

아이씨, 이구, 앗, 윽 하며 내는 소리는 그날그날 다르다

새는 신음으로
날갯죽지 좀 주물러 봐 아니 거기 말고 그 옆에
아니 거기 말고 그 밑에

등 전체를 주물러도 아니라며 시간을 끈다

우리는 서로 등 긁어 주는 사이
우리는 서로 손 닿지 않는 먼 곳까지 만져 주는 사이

양손이 멀쩡해도 해결할 수 없는 거기를 주물러 달라고 한다
누렇게 찌든 속옷을 들추고

하다 하다
신신파스 한 장 딱 붙이고

아프냐 물으니 며칠 전부터 아팠다고 한다

나는 원래부터 아팠다
당신 때문에

자네 의자

털썩,
의자에 앉기 전에 나이테를 보니
나와 동갑일세!

자네!
앉아도 된다고 했는가
그럼 실례하겠네

의자 자네!
질문 하나 함세
자네 이름이 뭔가
고향은 어딘가
둥치를 보니 자네도 컸나 보군
옹이가 많은 걸 보니
많이 아팠었군 그래
잘 참았네 그려
혼자 얼마나 외로웠겠나
이번 겨울은 몹시 춥다는데

어떻게 지낼 건가
나만 앉게 할 건가
자네한테 미안한 얘기지만
나무는 베어 봐야 나이를 안다네
안 베어도 안다면 더 이상 좋을 게 없지만
그 대신 베이고 나면
chair, bench, divan, stool, armchair
이름을 얻으니 너무 아파하지 말게

의자 자네!
잘 쉬었다 가네

와 봐

　나를 만나려면 등동리 이정표 지나 나를 주웠다는 작은 다리 건너 산길로 들어와 종격동에서 떼어낸 혹 같은 솔방울 숲이 나올 거야 그곳을 무심히 지나면 위 전절제로 쓰다 버린 헌 밥통같이 생긴 빈터가 나올 거야 그곳에서 잠시 숨 한번 고르고 와 까치가 살다 버리고 간 빈 자궁 같은 까치집이 보이면 그 까치집을 12시로 놓고 오후 3시 방향으로 방향을 바꿔 그러면 구곡간장을 길게 도려낸 소장처럼 구불구불한 길이 나오고 옆구리 임파선에 붙어 있던 결핵 멍울처럼 생긴 산딸기가 지천에 깔렸을 거야 아직 덜 익었으니 손대지 말고 그냥 올라와 오다 보면 어릴 적 온몸에 옻오르던 옻나무와 옻샘이 나와 거기서 목 한번 축이고 와 얼굴을 박피해서 내다 버린 주근깨처럼 생긴 다래 밭의 검은 다래 씨앗이 딱 벌어져 있더라도 놀라지 말고 조금만 더 힘내 마지막으로 허수아비가 양팔을 벌리고 더 이상 못 가게 할 거야 그때 허수아비에게 내 이름을 대면 나 있는 곳을 알려줄 거야 허수아비가 내 아들이거든 힘내! 나도 몇 번이나 죽을 고비를 넘기며 왔거든 그러니, 와 봐

3부
아무 일 없었던 것처럼 웃고 싶은데

지지

길거리에서 사탕수수즙을 팔고 있었어 먹고 싶어서 리어카 쪽으로 갔지 그때 당신이 멀리서 지지라고 소리 쳤어 고이는 침을 삼키며 뒷걸음질 치다 넘어졌지

빈 지갑이었으니 지지
돌아서다 넘어져 지지

외면해야 하는 것들이니까 지지라고 했겠지

지지는 쳐다봐도 안 되고 만져도 안 되고 먹어도 안 되고 그렇게 안 된다고 하는 것들은 모두 지지하는 것들 이었어 지지를 철회해야 했어

지지가 무성한 세상이야
지지가 무서운 세상이야

나는 지지받고 싶은데 말이야

무죄

우리 집 앞집은 고모집이고 뒷집은 외갓집이다

앞집과 뒷집 사이
핏줄처럼 연결된 전깃줄 위에서
며칠째 두 집을 살피고 있는 까마귀 한 마리

앞집 칠순의 고모는 뇌출혈로 1년째 침묵 환자
뒷집 구순의 외할아버지는 뇌졸중으로 4년째 침묵 환자

까마귀가
하루는 앞집을 보고 하루는 뒷집을 보고
제 몫처럼 울어 젖힌다

그때마다 외할머니가 까마귀야 검은 까마귀야 울려거든 나이 더 많은 우리 집 바라보고 울거라 앞집은 바라보지도 말거래이 해도

밤새 안녕이었는데

오늘은 거센 바람에 흔들리는 전깃줄 위에서
까마귀가 줄타기만 하고
울음 없다가

외할머니 말이 생각났는지 까악 까악 울기 시작한다
까마귀 울음보다 외할머니 울음이 더 흥건해

까마귀 울음은 무죄

빗금

눈과 귀로 집중하는
오늘의 일기예보

기상 캐스터가 비옷을 입고 빗방울을 저장한 구름 창고를 가리키며 오전은 흐림 오후는 줄기차게 비를 말하네요

구름 밑에 쳐진 빗금이 오목한 데로 모이면 첨벙거리게 되죠 오늘의 약속에도 그어지는 두 줄의 빗금

역시 빗금이 문제군요
그렇다면 빗금을 반대로 그으면 취소가 취소될 수 있을까요

밖을 내다보며 새끼손가락 걸었던 손으로
빗금을 왼쪽에서 오른쪽 아래로 그었어요
가위표가 되고 말았네요

어쩔 수 없죠

비가 내리기 시작해요
yes보다 no의 빗금을 지우는 방식으로 내렸으면 좋겠어요

우산을 펼쳐 들고
오늘은 나에게 집중하기로 했어요

탈

산통은 엄마가 겪었는데
사람의 탈을 쓰고 나온 내가 먼저 울어
그 눈물이 자주 탈 나는

나는 탈 많은 사람

허기진 생활을 급하게 채우려다 탈이 나
일상을 움켜쥐고 나뒹굴거나

사람에게
천천히 데워지고 천천히 식어가지 못하고
속이 양은 냄비처럼 부글부글 끓어 넘치다가

척 척을 좋아해
없어도 있는 척 있어도 없는 척
기회마다 척 척 척 거리다가

척 척 척 탈 나는

매미가 목 터지게 우는 건 완전히 탈을 벗었다는 것
인데
사람의 탈을 쓰고 제일 먼저 울었던 나는

미치지도 못하면서 미친 척하는
울고 싶은데 웃는 척하는
나는

이제 그만 탈 탈 털리고 싶다

순수의 기척

저것은 완전한 웃음이고 순수의 기척이다

일주일 된 신생아가 함박웃음을 웃는다 자면서도 웃고 울다가도 웃고 소리 없이도 웃는다 웃음꽃 활짝 피운다

내게도 익숙했던 웃음
나도 한때는 가졌었던 웃음

그러나 지금은 웃음이 안 나온다
가끔은 스스로 웃어 보려 애써도 안 웃어지고
웃음 치료사에게 치료를 받아도 나오지 않는 웃음

웃지 못하여
저 웃음 전의 울음처럼 울음부터 울어 보기도 한다

오늘도 순수의 기척을 따라 하려는데 방귀 뀌듯 웃음이 피식피식 새기만 한다

신생아처럼 웃고 싶은데

일생 아무 일 없었던 것처럼 웃고 싶은데

나무 침대

 우리는 연인입니다 한 번도 본 적 없는 당신이 어디서 본 것처럼 불면의 나를 위로하는군요 원래 사랑은 처음 본 사람과 한다죠 사랑에 빠집니다 여기는 비가 오나 눈이 오나 우리의 무대입니다 언제나 주연이 될 수 있어요 외설적인 몸을 매일 밤 목격하는 당신은 나를 보고 가만히 있을 건가요 누워 있는 이곳은 은밀함의 아지트입니다 연상인 당신이 나를 정면으로 봐 줘야 관자놀이 통증이 사라질 수 있어요 당신은 뒹굴기 좋은 평평입니다 노출의 놀이터입니다 나는 눕기에 적극적입니다 우리는 밤마다 뒹구는 관계입니다만 오늘 외박을 꿈꾸는 나를 노려보는 당신의 저의는 무엇입니까

주변인

 고1 아들이 방학 다음 날 투블럭 파마를 하고 와 제 방으로 들어간다 일 년 전만 해도 나와 미용실을 다녔던 아들이 이제 친구 말을 더 잘 듣는다 사춘기라 그럴 거라고 스스로 위로해 보지만 쌩─하니 들어가 버리는 냉랭함이 남의 자식 같다

 나는 어쩔 수 없는 아들의 주변인

 문을 쾅 닫고 들어간 방문을 바라보며 나를 생각하는 마음이 1도 없나 서운함에 거실에 흘린 파마 냄새를 거두며 우두커니 서 있다 서서 끊임없이 why를 묻는 난 투블럭 파마머리의 주변인

 why why를 묻다 지친 나는
 나의 주변인

포노 사피엔스

지구에 편입된 새로운 직사각형의 세계

공전과 자전을 모르는 평면 속에 사는
유난히 손가락이 발달된 포노 사피엔스들

배고픈 포노 사피엔스가
사각의 중심을 손가락으로 터치하자
먹음직스러운 음식이 나오고 그중 맘에 드는 것을 골라 터치한다

한순간 입맛이 변했다면
이전으로 돌아가 다시 터치하면 그만

딩동!
배달원이 재빨리 문 앞에 통닭을 놓고
포노 사피엔스답게 카톡으로 사진을 전송하고 사라진다

화분 사막을 뒤적일수록 가시에 찔린 울음만 터져요

사막여우가 우는 저녁입니다

서바이벌리즘

가위바위보
계단 먼저 오르기 게임

예감은 언제나 운에 기대고
운은 승勝으로 점프하길 바란다

이긴 사람의 1초와 진 사람의 1초엔 희비가 있어
오늘의 내 맘은 이기는 연습에 몰두하게 되고

너는 게임처럼 즐기고
나는 오른손 검지로 왼손등을 밀어 올리며 전쟁처럼
치른다

쥐고 태어난 손금보다 더 불확실한
가위바위보

가위가 이기면 두 맘
바위가 이기면 세 맘

시켜 본 자만이 맛을 안다
통닭을 부위별로 해체시키는 포노 사피엔스

혼자 먹어도 만찬인
포노 사피엔스의 집게손가락은 언제나 훌륭했으나
종종 터치에 중독돼 생활이 소화 불량에 걸리기도 했다

결제는 조건 없는 선결제
신용 불량자는 살 수 없는

사막 읽는 법

베란다 화분에서 사막을 읽어요

코끼리 선인장 뒤로 비지땀 바람이 불어요
물 한 바가지 부으면 사막 지도가 그려져요

선인장이 코끼리 다리를 하고 사막으로 햇빛을 당겨요
햇빛이 가시에 찔려 식어 가요
무름병 든 선인장은 무찌름의 마지막처럼 가시를 세워요

날아다니는 날파리를 낙타파리로 읽어도
어디선가 뛰어나온 송장메뚜기를 전갈로 읽어도
물결무늬 모래톱은 보이지 않아요

어디서 찾아야 하나요
힌트 좀 주세요

눈 씻고 찾아봐도 온통 가시뿐이에요

보가 이기면 다섯 밤

언제나 지고 나면 멀어지는 너의 등을 보며
내 마음의 계단도 내려선다

이제는 손을 등 뒤로 감추고
지는 연습에 몰두한다

사람에게

삼나무

콜롬비아 평원에서 삼나무를 보았다 삼나무는 수목 한계선을 넘어 빙하와 맞서고 있었다 제 몸의 무기는 침엽이지만 바람에게 침을 놓겠다는 건 엄포일 뿐 쏟아지기 일쑤여서 두 무릎을 꿇고 있었다

그 몸으로 생生을 지탱한 지 육백 년

삼나무는 일생 빙하 속 음표를 채집하여 제 심장에 저장하였다 어쩌다 칼바람 소리는 무릎에 저장하였다가 누군가 가슴 줄 뜯으며 울음을 삼킬 때 칼 부딪는 소릴 내며 새하얀 빙원을 쏟아내기도 하였다

내 무릎에도 칼 부딪는 소리 요란하다

다리

 내게서 떼려야 뗄 수 없는 다리를 찾아가는 동안 나는 다리를 떨어야 했다 예전에 누군가 다리 밑에는 세 개의 다리가 있었고 가운데 다리가 자주 흔들렸다고 했다 그 와중에 나는 다리 사이를 누비다 나왔다고 했다 다리와 내가 한 어원이라는 걸 증명이라도 하듯 벌어짐과 동시에 쏟아졌다고 했다 그 후로 나는 다리 아래서 나를 떠올린 적 있고 다리 위에서 나를 외면한 적도 있었는데 그 견고했던 다리가 오늘 무너지고 있다 요양원에 들어서는 엄마를 보며 다리가 풀린다

 여태껏 나는 헛다리를 짚고 살았다

야옹!

쥐는 고양이 발짝 소리를 안다
쥐가 고양이 오는 소리를 듣기 위해 잠잘 때도 땅에 귀를 대고 잔다

출입구가 따로 없는 쥐구녕

구녕에서 나왔다가 구녕으로 들어가는 쥐를
고양이가 노리고 있다

쥐 죽은 듯
고요하게

고요를 깨며 개미들이 이사를 한다 비 올 확률 100%다 고양이에게 우산이 필요하다

우산 없이 쥐가 나올 때까지 꼼짝 않고 기다린 잠깐 동안
수십 번의 봄이 지나갔다

언제나 쥐구녕에는 해 대신 달이 떴다

그 구녕 앞에서 나는 새치 머리카락 한 올에 백 원씩 뽑아 달라고 한다
쌓여 가는 새치들

쥐는 언제쯤 야옹! 할까

말풍선

  말풍선에 들어가 본 적 있나요 말풍선을 터뜨려 본 적 있나요 들어가면 안 되는 말을 풍선 속에 넣었어요 몇 마디 안 되는 말인데도 말풍선이 무거워요 풍선에 공기가 가득 차면 가볍지만 말이 가득 차니 자꾸 내 속이 보여요 시끄러워져요 말풍선 안의 말은 채찍질해도 달아나지 않아요 한 번 들어간 말은 절대 나올 수 없나 봐요 자꾸 나만 들켜요 입에서 나온 말은 쉽게 사라지는데 말풍선의 말은 영영 사라지지 않아요 말풍선에서 말을 꺼내야 하는데 말풍선은 터질까요?

4부
오늘도 나는 세상 간 보는 일로

신성리 갈대숲

신성리 갈대는 쉼 없이 흔들린다

늦겨울인지 초봄인지 구분 안 가는 날씨를 헤집고 갈대는 사람을 불러들인다

철모르는 나는 오리털 잠바를 입고 겨울 사람처럼 갈대숲으로 들어가고 저기 철 아는 여인은 원피스에 청 재킷 입고 들어온다

흔들리는 갈대숲이 숨기 좋은 곳이라고 강물을 한 번 찍고 날아가는 저 물새도 남몰래 둥지를 틀어 놓은 곳

넘실거리는 갈대숲에 생활에 발버둥 중인 나를 슬며시 숨겨 놓는다

이제 나도 철 좀 들어야겠기에 나를 흔들어 보는

갈대숲

빨래

온 신경이 난무하는 아침

이 옷 저 옷 고르다 서로 부딪치고
밥상을 외면하며 한마디씩 내뱉는 다툼들

그렇게 서둘러 출근한 가족이 뱀 허물 벗듯 벗어 놓은 옷을
주섬주섬 모아 세탁기에 휙 던진다

전원을 켜고 작동을 누른다
아침에 못 다 푼 분풀이를 하는지 세탁기 안은 자체 발광 중이다

좌로 돌다 우로 돌며 서로 비틀겠다고 북북거려
동작 그만을 누르고 틀어쥔 손과 발을 떼어 놓지만 소용없다

빨래의 역사를 거슬러 올라가면

방망이로 개 패듯 패기도 했다지만
지금은 상호 반려의 시대

살살 달래 빨래 건조대에 널어놓은 토르소들

물보다 진하다는 핏줄 때문인가
구김 없는 모습은 언제 다투었냐는 듯 엉킨 맘을 풀고 얌전하다

아침에 찡그렸던 모습들이 펴지고
마음을 죄다 뒤집어 놓듯 속을 훤히 보여 주고 있다

서로의 화해가 다녀간 듯

흡연 구역

한 평도 안 되는 흡연 부스
이곳은 정당하게 허락받은 가설무대

팬터마임 시간은 비규칙적이고
조금 전부터 한 사람의 팬터마임이 시작되었다

상사의 잔소리를 마디마디 끊어 날리고
보나 마나 한 오후를 후우~ 하고 불어내 보기도 한다

재떨이에는
임무를 다한 문장들이 뚝뚝 끊어진 채
말줄임표로 누워 있다

또 한 사람이 주위를 살피며 부스 안으로 들어가
자신만의 마임을 시작한다

간혹 지나가는 사람이 바라보지만
관객과는 서로 눈을 마주치지 않으려는

부스 안

연기처럼 자신을 날려 보내고 싶은 사람들이
연기를 위한 연기로
안성맞춤인 곳

나도 마임을 하고 싶을 때가 있다

훨훨

자연사 박물관에서 나비의 감옥을 보았다

나비 숲이면서 나비 숲이 아닌
나비 세상이면서 나비 세상이 아닌
나비들의 감옥

이곳엔 포물선을 그릴 바람이 없어 나비는 날지 못하고
나비의 날아다니는 법을 훔쳤다는
라이트 형제도 없다

접히지 않는 날개를 지고 있는 범나비가
오직 바람만 기다리고 있어
혼돈이 인다

박물관 유리창 밖에서는
내리는 눈 사이로 호접란이 피어 나비 흉내를 내고 있다

문이 열릴 때마다 찬바람 밀려들어 와
나비의 계절은 없다

살아 있어도 산 것이 아닌
죽어 있어도 죽은 것이 아닌 저 나비들이
날개를 접으려 한다

순간 나는 나비에 박힌 죽음을 모조리 뽑아 버리려
한다

나비야 청산 가자
훨훨

변심

나를 바꾸고 싶었어

새로 개업한 미용실에서 긴 곱슬머리를 싹둑 자르자 나는 절대 왕정 시대의 루이 14세 같기도 하고 새로운 비너스 탄생 같기도 했지

내친김에, 가면 메이크업 ok
무지개 색깔 네일 아트 ok
페디큐어 받는 동안 붙이는 삼족오 문신 ok

넌 사람도 아녀
자주 듣던 말에서 다시 태어나듯 변신을 했지

거울 앞에서 온갖 폼을 잡다
윤회도 믿기로 했어

나와 너무 다른 모습이니
이제 사람처럼 보이니?

일곱 색깔 무지개

 소낙비 지나간 뒤 무지개 떴어요 무지개가 따라오라고 손짓해요 나는 따라가요 언제 사라질지 몰라 쉬지 않고 따라가요 가도 가도 무지개는 저만치네요 내 걸음이 제자리걸음 같아요 등이 굽어 가요 강가에 닿았어요 징검돌을 건너요 송사리 떼가 나를 보자 제각각 흩어져요 내 얼굴에 무엇이 묻었나 봐요 물속을 들여다봐요

 내 굽은 등에 일곱 색깔 무지개 보여요

유죄

쌍화차 한 잔이 유죄였다

그를 처음 만난 날 눈을 어디에 둘지 몰라 어색해하다가 달이 동동 뜬 쌍화차가 눈에 들어와 앉아 있는데

대뜸 손금을 보자며 손을 잡고는 손바닥의 줄이 선명하고 그 줄을 연결하면 별이 된다고 했다

나는 별을 쥔 사람
부자가 될 사람

그 말에 밑줄 그으며 그를 따라나섰다가 별이 나를 따라다닌 건지 내가 별을 따라다닌 건지 알 수 없는 날만 연속되어 오늘은 손익 계산을 해 본다

쌍화차 한 잔에 달이 동동 뜨던 날 당신에게 손목 잡혀 별처럼 웃고 별처럼 울고 별처럼 살고 싶었지만

정작 살면서 별 볼 일 없는 나였으니
쌍화차 한 잔의 죄가
커

간

간 보다는 눈치 보다라는 의미도 있죠

당신이 해 준 스파게티를 먹고
맛을 말하기 전 재빨리 당신의 표정을 살피는 것은
간 보는 거죠

3초면 알 수 있는 간의 맛
우리는 자신한테 맞는 간을 선호하죠

알람이 맞춰 놓은 시간에 울리는 것도
시간에 간을 친 거죠

아직 피지 않은 벚꽃을 기다리는 동안 핀 할미꽃은
봄에 대한 간이죠

네 침묵에 간을 보고 함께 침묵하는 것은
내 간을 못 보게 하는 나만의 방법

아예 간 볼 수 없는 간도 있죠
분수를 모르고 커진 간덩이처럼 부은 간이죠

오늘도 나는 세상 간 보는 일로
간간해져요

반려 봉투

너는 온종일 침묵하는데
나 혼자 네 주위를 맴돌며 가끔씩 네 입을 연다

너는 수족 없이 식탐을 즐기고
소화 기능이 없어 주는 대로 받아 넣기만 한다

손사래 칠 손이 없으니
꾹꾹 눌러 가며 주는 대로 다 받아먹다 때론 토하기도 하는
강제성 입

시도 때도 없이
네 입을 향해 조준을 한다거나
발로 밀어 자리를 옮겨 놓는 불친절도 감수하며
어쩌다 식은 호박떡이라도 들어오면
이게 웬 떡이냐며 좋아도 하지

알맹이 없는 것들을 먹어 늘 헛배 불러도

과식으로 게워 내도
거부는 사치

배설도 맘대로 못 해
산더미 같다는 말은 너로부터 생긴 말

주둥이가 항문이고 항문이 주둥이라고 말하면 저급하다 할 테지만
  한 입으로 토해 내기도 뱉어 내기도 하는 너는

위라고 다 같은 위가 아니기에
소화되기 전 강제로 추방당하며

알맹이만 선호하는 나를
우두커니 바라보고 있네

궁리

고속버스가 빗속을 달리고 있다
내게 닿으려던 빗방울들이 차창으로 흘러내린다

예상치 못한 비에
안과 밖의 것들이 한 덩이로 젖어 들어

나는 예상에서 밀려난 사람처럼 지나온 휴게소를 떠올리다가
　도착지의 날씨를 검색하다가

흘러내리는 차창에 이마를 대고
궁리에 젖는다

빗방울 하나가 버스 안의 나를 골똘히 들여다봐
고갤 숙이자
엊그제 산 구두의 표정이 골똘해진다

그 골똘을 들여다보는 동안

버스는 도착지에 도착해 문을 열어젖히고

작은 손가방을 머리에 이고 달릴까
비 올 적마다 사는 우산을 또 살까
궁리에 궁리를 더하다

빗속으로 뛰어든다

가위 사용법

다섯 살 아이의 첫 가위질

종이가 말을 듣지 않아
가위를 내팽개쳤다가 다시 오려 보길 수차례

3분간 작전 타임 중이다
방바닥의 가위는
시위 중

올바른 가위 사용법을 알려 줘도
아이는 왼손에 가위를 끼고 엄지와 검지에 힘을 주고
저 홀로 방법을 터득해

제 이마의 애교머리를 자른다
애교는 땅에 떨어지고 쥐 파먹은 얼굴이 태어나고
옷걸이에 걸린 아빠의 양복 소매를 자른다
잔소리쟁이 아빠의 말문이 막히고

엄마의 긴 머리카락은
뒤에서부터 연습용

자를 것을 찾다가 화장실로 달려가
수돗물을 틀고 물을 자른다
사방으로 튀는 물방울

올바른 가위 사용법은
가위로 물 베기

운

풀을 뽑는데 같이 딸려 나오는
지렁이 지네 개미

운 없이 딸려 나왔다가 도망가기 바쁘다
호미로 다시 불러 모으기를 몇 번
달리기 시합을 시켜 보았다

다리 없는 지렁이
다리 여섯인 개미
다리가 수없이 많은 지네

도망인지 달리기인지 지렁이가 제일 먼저 사라지고
나머지도 순식간에 땅속으로 숨어 버렸다
운 좋은 날이다

두 손으로 망초를 잡아당기다가
뒤로 벌러덩 넘어져
누운 채로 하늘을 본다 구름 운이 잔뜩 깔려 있다

언제쯤 운을 손에 움켜잡을 수 있을까

넘어진 김에 쉬어 가자고 호미를 던져 놓고
대자로 누워 다시 한번 하늘을 올려다보았다

지렁이 개미 지네가 나를 피해 달아났듯
나는 운을 향해 달아나고 싶다

호미도 빨간 장갑도
운 좋게 계속 쉰다

손

제주 곶자왈에서 콩짜개덩굴이
백년 넘은 비자나무를 돌돌 감고 있었어요

감긴 콩짜개덩굴을
손톱으로 살살 긁어 종이컵에 담았어요
파란 이끼가 악착같이 따라붙었어요

컵 안의 콩짜개덩굴을 화장지로 말아
캐리어 속 깊숙이 넣었어요
가방이 온통 불안으로 무거웠어요

공항 검색대에서
간이 두 근 반 세 근 반 대었어요
차라리 숨을 쉬고 싶지 않았어요

집으로 돌아와
곶자왈처럼 썩은 나무 둥치에
콩짜개덩굴을 돌돌 감아 목부작을 해 주었어요

말아 놓은 덩굴이 맥없이 풀려요
손 탔다고 속상해하나 봐요

접속

코가 박혀 있다

체위가 정확해야 원하는 걸 얻을 수 있어 코를 벽에 박을 때 나는 폭력적이다 코로 연결된 곳에서 새로운 것이 쏟아져 나온다 컴퓨터에서는 이진법으로 초대장이 만들어지고 TV에선 끝없이 펼쳐진 아마존강이 나타나고 에어 프라이어는 돈가스 냄새를 풍겨 밖의 아이들을 불러 모으고 전자레인지는 차가운 우유를 데운다

그런 코가 빠지면 밥이 뜸 들다 말고 생일인 너에게 노랠 불러줄 수 없고 내가 좋아하는 이미자 콘서트를 볼 수 없으니 세상은 온통 캄캄해진다

나도 세상에 코 박으면 원하는 대로 이루어질까?
코 빠진 나를 깊숙이 박고 싶다
세상 속에

해설

상호주의적 인간미와 심미적 각성의 의미

유종인(시인)

해설

상호주의적 인간미와 심미적 각성의 의미

유종인(시인)

1. 패권과 상호주의의 시선

소위 힘에 의한 자기 욕망과 의지를 관철시키는 세계 패권주의가 기승을 부리는 상황에서 우리가 행할 수 있는 선택의 다양성은 어느 정도 열려 있는 것일까. 패권霸權이란 단어는 우선 으뜸이라는 선망에 기대치를 두고 그것이 가진 권력과 권능을 분별없이 행사하려는 욕망의 일환을 드러내는 말이다. 여기엔 일방의 주장만이 횡행하는 경우가 대부분인데 거기에 더해 그 주장에는 전체를 위한 공익이나 상생같은 고려의 의미가 희박하다.

코로나 팬데믹이 지나간 시점에 우리가 경험하는 세계의 의미는 여전히 분장된 약육강식의 승자 독식의 지배 논리의 여전함과 공동체의 본래적 의미의 회복에 대한 희원이 아닐까 싶다. 여기에 문학이, 특히 시학적 대응이 가져야 할 자세를 고려할 때 우선적으로 마주하게 되는 것이 바로 다자성多自性에 대한 입장이 아닐까 싶다. 이 다자성 혹은 다자주의multilateralism는 패권적 세계 욕망에 대한 일종의 안티테제antitheses로서의 시적 정서나 의지를 함의하는 보편적 큰 정신의 틀로 기능할 가능성이 있다.

정솔 시인의 시적 정서나 표현의 범위에 든 대상들을 살펴볼 때 우선 느끼는 것은 자아ego에 대한 편집증적 인식의 난맥상이 일정 부분 해소돼 있다는 점이다. 자아의 본질이나 문학적 탐구의 형식에서 도래한 파토스적 경향이라기보다는 시적 표현의 수사적 유행의 방만한 추종에 근거한 작금의 작시作詩 경향을 놓고 볼 때 정솔의 시적 태도는 앞서의 경향이 매너리즘을 벗고 자기 응시의 정성스러움에 가닿으려는 시적 용기마저 보여준다.

> 봄나물 삶아 먹겠다고 다래나무 덩굴 위로 올라가
> 덩굴을 휘어잡는데 자벌레가 나보다 먼저 잎을 갉아
> 먹고 있었다
>
> 나는 자벌레가 무서워 가지를 잡고 마구 흔들자
> 자벌레는 입에서 줄 하나 빼어 물고 대롱대롱 매달려
> 있다
>
> 외줄이 끊어지면
> 자벌레는 천 길 낭떠러지로 떨어질 것이다

움찔하며 자벌레를 피해 뒷걸음치다 넘어졌고 외
줄에 매달렸던 자벌레도 내 가슴 위로 떨어졌다

　　순식간의 일이었는데 자벌레가 내 인품을 재 보는
지 한 자 두 자 재더니 고개를 번쩍 들고 머리를 좌우
로 흔들며 나를 노려본다

　　이 인간아! 하듯
　　　　　　　　　　　　　　　—「자벌레」 전문

　"다래나무"를 사이에 둔 화자와 "자벌레"의 우연한 마주침은 처음은 무서움의 기분이지만 거기에 마냥 개의치 않고 점차 나아가는 가운데, "무서워 가지를 잡고 마주 흔들고" 있는 화자와 자벌레 역시 "입에서 줄 하나 빼어 물고 대롱대롱 매달"리는 다음 상황을 연출한다. 그런데 이런 상황은 여기에서 그치지 않고 또 다른 상황의 연속을 이어지게 한다. 화자는 "움찔하며 자벌레를 피해 뒷걸음치다 넘어졌고" 또 "외줄에 매달렸던 자벌레도 내 가슴 위로 떨어"지는 동시적인 상황이 연출되기에 이른다. 이 작으나 희극적인 발생은 궁극적으로 "내 인품을 재 보는지 한 자 두 자 재더니 고개를 번쩍 들고

머리를 좌우로 흔들며 나를 노려" 보는 자벌레에 인식의 주체 자리를 내어 준다.

사전에서 '드레지다'는 말은 사람의 인품이 무게가 있고 진중한 것을 뜻하는 용언用言, declinable word이다. 드레질의 주체가 인간이 아니라 미물이랄 수 있는 "자벌레"에서 발견하는 화자의 눈길은 자의식의 고도高度에 접안하듯 닿아 있는 것이다. 인간 세간에서의 다양하게 개진되는 인격 품평의 왜곡을 떠나서 "움찔하며 자벌레를 피해 뒷걸음치다 넘어져"서 화자의 "가슴 위로 떨어"진 자벌레에게 받는 품평은 우선 새뜻하고 신선한 자연의 맛이 감돈다. 인간 우선주의의 우월감은 어느 편에선 어리석은 편견이나 선입견에 기울기도 한다. 한데 화자가 우연히 맞닥뜨린 자벌레와의 조우는 어느 순간 인간의 품평이 아닌 자벌레라는 자연물의 품평에 자연스레 의탁하게 된다. 어쩌면 이 우연한 조우를 통해 화자는 세간의 품평에서 벗어나 스스로 "자벌레"를 매개로 한 천품天稟의 의미에 근접하고 교우하게 되는지도 모른다.

>
> 지난해 다녀간 봄이 다시 다녀가려 해
> 곤히 잠든 지구의 옆구리를 호미로 살살 긁었다
>
> 지구가 뒤척이는 모습을 보지 못했지만

봄 냄새가 풀풀 나

지구의 옆구리에 땅콩 세 알을 꾹꾹 눌러 심었더니 한 알은 비둘기가 빼먹고 한 알은 하늘이랑 놀겠다고 배꼽 드러내 놓고 누워 있고 마지막 한 알은 지구의 옆구리에서 뿌리를 내리며 지구와 눈치작전 중이다

땅콩은 키 좀 키워야겠다고 하늘에 수작을 걸고
지구의 옆구리는 두 쪽의 알을 꽉 움켜쥐고 가만히 있으라고 한다

누가 이길지는 이 봄이 지나 봐야 아는 일이라
나는 맨발로 봄이나 밟으며 걸었다
—「수작」전문

사람의 심중에서 발원하는 모든 의도는 그것의 목적이 궁극적으로 다 성취되는 경우는 그리 흔치가 않다. 의도와 목적의 결말이 일치하는 것은 어쩌면 상상계, 즉 상상의 영역에 속할 정도로 결과는 의도를 배신한다는 말이 나오기도 한다. 그러나 시편「수작」은 이런 상상의 영역에 속하는 욕망 일반의 의도를 비켜난 자리에서 상

생의 겨를을 내다보는 여지를 살피고 있으니 그것은 바로 "지구의 옆구리에 땅콩 세 알을 꾹꾹 눌러 심"는 생명 파종의 일로부터 시작한다. 애초에 세 알의 땅콩 알들이 모두 발아를 해 사람을 위해서만 자라고 열매를 맺기를 바랐다면 이것은 그리 시적 비전으로 나아가지 못했을지도 모른다. 그런데 시적 화자는 그런 일방의 욕심이나 의도를 짐짓 비켜나 씨앗 파종 후에 일어나는 일들을 그윽이 살피는 통찰의 시작을 가지게 된다. 즉 "한 알은 비둘기가 빼먹고 한 알은 하늘이랑 놀겠다고 배꼽 드러내 놓고 누워 있고 마지막 한 알은 지구의 옆구리에서 뿌리를 내리며 지구와 눈치작전" 중이라는 사실을 골고루 살피는 시선을 확보하기에 이른다. 더군다나 이 시적 언술이 재밌는 것은 작은 땅콩 알과 지구라는 거대한 행성의 유기적 관계를 활물화活物化시켜 그려내는 아기자기한 묘사에 있다. 단순히 지구상의 어느 지역 어느 장소의 밭이라고 하는 흙의 입지에 심은 땅콩 씨앗의 왜소함이 아니라 오히려 지구라는 어마어마한 대상을 친근한 관계의 처소residence로 삼는 "땅콩"의 상호적 위치를 보여 주기도 한다.

그러나 여기서 더 흥미롭고 의미심장한 장면은 사람의 의도를 배반한 땅콩 경작의 상황이 주는 일종의 상황적 신호라고 할 수 있다. 그것은 다름 아닌 세 알의 땅콩이 저마다 다른 숨탄것으로서의 다른 생명체의 선택적 접촉을 통해 나름의 다른 생육의 결과를 보여 주고 있다는 점이다. 사람의 수확과는 다른 관점에서 새들의 먹잇감이 되기도 하고 방기되기도 하며 나름 성장을 거쳐 땅콩 본래의 생장의 흐름을 유지해 가려고도 한다. 저마다의 자연의 내장된 에너지를 순환시켜 살아가며 동시에 다른 것들의 먹이로 사라질 때 거대한 자연 속에서 생사는 각자의 운명이면서 동시에 모두의 운명으로 연결될 계제를 갖기도 한다. 이 속에서는 세간의 승패나 우열이 아닌 일종의 공동체적 생명 순환대사의 장면들이 보여진다. 정숄은 이 속에서 각자의 수작이 동시에 모두의 수작으로 연결되는 다자적 관계의 분위기를 관망하기에 이른다. 그러면서 "누가 이길지는 이 봄이 지나 봐야 아는 일"이라고 하지만 그것은 자연의 흐름의 입장에서는 그리 중요한 대목은 아니다. 오히려 이런 순환적 생태계에 접하고 있는 정숄 시인의 "맨발"이라는 참여적 시선이 더 오롯하고 여유롭게 느껴질 따름이다.

공원 의자에 빈 종이컵 놓여 있다 종이컵에 꽃잎 물려 있다 붉은 입술 물려 있다 꽃잎 격렬하게 물고 있다 비바람에도 떨어지지 않을 기세다 들켰다 들켜서도 붙어 있다 입술이 문 것은 공이고 컵이 문 것은

색이다 아니 입술은 색이고 컵은 공이다 얼마나 뜨거
울까 나는 지금 공즉시색 색즉시공을 적나라하게 보
고 있다

—「공즉시색 색즉시공」전문

　앞서 언술에서 '참여participation'라는 어휘를 들었지만, 시인이라는 창의적 시각의 언어 주재자主宰者는 독창적 시각의 단독자적인 입장을 견지하고는 있지만 사물과 존재의 관계를 외따롭게 보지 않는다는 점에서 단독자라기보다는 연결자의 역할이 한층 도도록하다. 큰 이슈를 담고 있는 것 같지 않은 "빈 종이컵"에서도 시인의 유심하고 탁월한 눈썰미는 "꽃잎 격렬하게 물고 있"는 종이컵의 매개적 성격과 상황을 아주 세밀하게 관찰하고 유추해 낸다. 단순히 예리한 관찰의 사실적인 결과만이 아니라 그 남들이 보지 못한 사물의 인상에서 존재의 근원적 흐름을 직관적으로 간파하기에 이른다. "입술이 문 것은 공이고 컵이 문 것은 색"이라고 비유적으로 정의했다가 다시 "입술은 색이고 컵은 공"이다라고 재우쳐 재정의하는 활달한 인식의 놀이를 보여 준다.

　그런데 여기서 중요한 점은 바로 이런 종이컵이라는 매개물과 거기에 남겨진 흔적의 관계를 바라보는 인식의 유연함이라는 상호적 시각의 자세에 있지 않나 싶다.

이 정서적 인식의 유연함은 독단적 인식이나 주장과는 상당한 거리를 두고 대상을 바라보는 마음 씀으로 작동한다. 이 시편의 제목이기도 한 「공즉시색 색즉시공空卽是色 色卽是空」의 『반야바라밀다심경般若波羅蜜多心經』도 일방의 고정된 관념을 깨고 다자적 시각의 통합에서 실존의 불안을 깨우친 만유의 세계로 나가고 있다. 즉 시인은 불가적佛家的 의미의 에피그램epigram을 동원하면서 "입술"은 "색色"으로 대표되는 물질계가 되기도 하고 또 "공空"으로 환원되는 무상계無常界의 본질이 되기도 한다. 이런 다양하고 유연한 시각적 맥놀이의 근간은 바로 시인의 상호주의적 관점의 유지에 있다.

> 시간 없다 말하지 마세요
> 시간 매장에는 팔려는 시간이 넘쳐납니다
>
> 한 번 사면 다시 살 수 없는 젊음의 시간도 있고요
> 눈 한번 꿈쩍하면 사라지는 찰나의 시간도 있어요
>
> 할 일 없는 시간은 뒤쪽에 쌓아 두었고요
> 구설의 시간이나 악성 루머의 시간은 한쪽 구석에 있어요
> 너도나도 대는 핑계의 시간은 묶음 판매 중입니다

여긴 아날로그 매장이라는 건 알고 계시죠
활기찬 오프라인 매장입니다

아직 진열하지 못한 시간도 있어요
갓 구운 빵 냄새, 주말여행, 파도 소리, 자전거 하이
킹 등 떠올리기만 해도 기분 좋아지는 시간은
아직 진열하지 못했으니 조금만 기다려 주세요

어느 시간을 구매할지 정하셨나요
구매할 의사가 있으시다면 정확한 시간의 이름을
말해주세요
시간 포장은 직접 하셔야 합니다

구매하신 시간에 대해 반품과 교환은 불가하오니
신중을 기해 주시기 바랍니다

후회는 금물입니다
—「시간 마켓」 전문

 정솔 시인의 이런 상호주의적이고 인간미 넘치는 시
적 융통성이 개가를 이루는 시편 중의 하나가 바로 「시

간 마켓」이다. 흔히 일회성의 시간으로 치부하기 쉬운 시간 관념을 시인은 시간에 대한 새로운 개념 상품을 내놓은 듯하다. 더군다나 그 시간을 새뜻하게 붙잡아 "활기찬 오프라인 매장"에 입점까지 시킨 것을 보면 그 시적 눈썰미와 포착 능력은 재치 있고 흥미진진하다. "젊음의 시간"이나 "찰나의 시간" 같은 덧없는 시간도 있지만 동시에 그런 시간들을 다른 매개를 통해 회복에 가깝게 구성하는 시간적 설정과 복안도 있는 듯하다. 화자에 따르면 그것은 "갓 구운 빵 냄새, 주말여행, 파도 소리, 자전거 하이킹 등 떠올리기만 해도 기분 좋아지는 시간" 같은 것이다. 즉 덧없는 시간의 파괴력에 대응하고 나름의 존재의 회복력을 강구할 수 있는 이런 시간적 구성품을 대안적 시간이라 불러도 좋으리라.

  무엇보다 시인은 시간의 불가항력을 단순히 유한성에만 가두지 않고 존재의 자발적 구성에 의한 창의적인 시간의 상품으로 개척하는 메시지를 전달하고 있다. 그것은 누구든 시간을 "구매할 의사가 있으시다면" 그 "정확한 시간의 이름"을 호명한 채 "시간 포장은 직접 하셔야"한다는 자발성의 의미를 강조하는 듯하다. 피동적이고 수동적인 시간에의 응대가 아니라 적극적이고 능동적인 시간의 활로를 개척하자는 긍정성이야말로 정솔 시인의 미덕이 아닐 수 없다. 그 미덕은 존재의 활로를 동시에 열고 추진하며 통상 과거나 현재나 미래의 물리적 시간의 범주를 뛰어넘는 그야말로 존재의 시간으로 오롯해질 가능성을 열어 두고 있다.

2. 심미적 각성의 고유성

앞서 불교적 깨우침의 도저한 세상 인식의 일부를 언급하기도 했지만 어느 종교를 막론하고 혹은 무신론의 입장을 포함하여 모든 깨달음의 특징은 그 깨달음 이전으로 돌아가기 쉽지 않다는 것이다. 그것은 무엇이냐. 바로 깨달음은 정서적으로나 육체적으로 존재를 앞으로 나아가게 하는 일종의 도파민을 가지고 있기 때문이다. 안일한 방법론이나 구태의연한 인식의 틀 안에서는 존재 자체가 스스로 발흥하기 어려운 태생적인 한계를 가지고 있다.

시에 있어서도 그런 각성arousal의 분위기는 다양한 형태로 발견되거나 진전되는데 그 주체로서의 시인의 눈썰미는 그 자체로 삶과 세계 인식의 유용한 도구가 되기도 한다. 시인 정숱에게 있어 이런 각성의 형태는 언어와 상황이 연계되면서 실존적 층위의 언어로 한층 도약하기에 이른다.

사람이 죽으면 귀가 제일 늦게 닫힌다는데 나 죽

을 때 아들이 귀에 대고 엄마 사랑해 하면 하나 마나
한 말 치우라고 할 테고 엄마 미안해 하면 나도 조금
은 미안해서 알았다 할 테고 엄마 잘 가 하면 가기 싫
어져서 꿀밤 한 대 주려 하겠지 그것보단 엄마 내년
제사 때 꼭 와 하면 서둘러 갔다 올 생각에 눈 딱 감고
맘 놓고 좋아하겠지

―「소망」 전문

  삶과 죽음에 대한 보편적 소통 창구를 일반적으로
그려낼 때 우리는 종교적 믿음이나 그러한 기도나 제사
의 기복적 형태에 의탁하기 쉬운데 위 시편에서는 조금
더 즉물적이고 즉자적인 발화의 세계로 나아가고 있다.
즉 종교적이든 문화적이든 관습화되고 제도화된 형태
의 영혼의 소통 방식을 비켜나 시인은 그대로 고지하듯
당사자를 의식한 채 에둘러 말하는 방식을 취한다. 간접
화법의 분위기를 가지고는 있지만 옆방에서 듣는 당사
자를 의식하듯 화자는 자신의 속내를 가감 없이 전달하
기에 이른다. 그런데 여기서 흥미로운 지점은 바로 생사
의 경계를 완벽하게 격절시키지 않고 삶 쪽에도 열어 놓
고 죽음을 향해서도 여지가 있는 일종의 점이지대漸移
地帶가 있다는 것이다. 그것이 바로 "사람이 죽으면 귀가
제일 늦게 닫힌다는" 그 시간의 어스름에 있다. 즉 이 양

가적인 시공간의 중음中陰의 상태를 향한 시인의 웅숭깊은 시선은 오히려 무겁지 않고 애틋하여 다솜의 기운을 불러내기 시작한다.

이 생사가 섞이는 어스름의 시간을 향한 시인의 얘기는 그대로 "엄마"라고 하는 망자 혹은 타자를 향한 자아의 회귀적 발언의 형태로 순환한다는 점이 이채롭다. 즉 궁극적으로 엄마를 향한 화자의 애틋한 일상의 말들은 종내는 자기 자신을 향한 각성과 다짐의 수순을 거쳐 상호적인 언어로 변주된다. 이럴 때 엄마와 아들의 각각의 말들은 어느 순간 하나의 얘기로 서로 포옹하고 습습하니 눈길이 겹치면서 생사를 넘나드는 겹의 소리로 돈독해지는 경우를 밟게 된다. 이 또한 정솔 시인의 평범한 듯 보이지만 나름의 적절한 시적 화법을 구순하게 잘 활용한 예시라 할 만하다.

    길거리에서 사탕수수즙을 팔고 있었어 먹고 싶어서 리어카 쪽으로 갔지 그때 당신이 멀리서 지지라고 소리쳤어 고이는 침을 삼키며 뒷걸음질 치다 넘어졌지

    빈 지갑이었으니 지지
    돌아서다 넘어져 지지

> 외면해야 하는 것들이니까 지지라고 했겠지
>
> 지지는 쳐다봐도 안 되고 만져도 안 되고 먹어도 안 되고 그렇게 안 된다고 하는 것들은 모두 지지하는 것들이었어 지지를 철회해야 했어
>
> 지지가 무성한 세상이야
> 지지가 무서운 세상이야
>
> 나는 지지받고 싶은데 말이야
>
> —「지지」 전문

일종의 알레고리적인 상황을 끌어들여 "지지"의 동음이의적인 활용이 돋보이는 이 시편은 오늘의 우리 세태와도 무관치 않은 여러 시사점을 품고 있다. 흔히 금기시하는 것들을 속되게 통칭할 때 쓰던 "지지"는 그 이의異義의 한자말인 지지持志와 겹치면서 일종의 풍의적인 세태와 비판을 견인하게 된다. 동음이의어인 "지지"라는 말의 겹 쓰임을 통해 "외면해야 하는 것들이니까 지지라고 했겠지"라는 날카로운 언술의 면모를 슬쩍 드러내기도 한다.

"지지"라고 지시하게 되는 대상의 본래적인 사실의

상황과 상관없이 의도나 주장, 그릇된 관념의 세례에 의해 왕왕 전파되는 일방적인 내용들은 요즘의 세태와 일정한 궤軌를 같이하는 면면이 있다. 즉 사실의 왜곡이나 관념 조작을 통해 본래적 면모를 인식하지 못하게 하는 일종의 세뇌의 형태가 우리 사회나 공동체 등에서 부지불식간에 일어나고 있는 경우를 이 시는 경고하고 있다. 그렇기 때문에 "지지가 무서운 세상이야"라고 하는 언술은 비유법상의 아이러니적인 효과도 있지만 실제 지지해야 할 대상을 지지하지 못하게 하는 음험한 세뇌 작용의 공포를 적시하고 있다. 세간의 가짜 뉴스나 지라시 같은 저급하고 저열한 사실 왜곡의 전형적인 사례들도 시적 화자가 풍유諷喩하는 시적 상황과 무관치 않다. 그런 면에서 우리 모두는 "지지받고 싶은데 말이야"라는 말이 지닌 본래적 회복의 의미를 명민한 시인의 눈길을 통해 되새기게 되는 효과를 누린다.

저것은 완전한 웃음이고 순수의 기척이다

일주일 된 신생아가 함박웃음을 웃는다 자면서도 웃고 울다가도 웃고 소리 없이도 웃는다 웃음꽃 활짝 피운다

내게도 익숙했던 웃음
나도 한때는 가졌었던 웃음

그러나 지금은 웃음이 안 나온다
가끔은 스스로 웃어 보려 애써도 안 웃어지고
웃음 치료사에게 치료를 받아도 나오지 않는 웃음

웃지 못하여
저 웃음 전의 울음처럼 울음부터 울어 보기도 한다

오늘도 순수의 기척을 따라 하려는데 방귀 뀌듯
웃음이 피식피식 새기만 한다

신생아처럼 웃고 싶은데
일생 아무 일 없었던 것처럼 웃고 싶은데
—「순수의 기척」 전문

  웃음에 관한 한 정숙 시인의 솔직담백하고 리얼한 언술은 사실 웃음의 세태학이라고 해도 과언이 아니다. 이것은 비단 한 개인의 사적인 정황에만 한정하지 않고 우리 사회 전반의 심리적 기저를 드러내는 시편으로 적용해도 크게 두동지지 않을 것이다. 얼마나 웃음이 희박

해졌으면 "웃음 치료사에게 치료를 받아도 나오지 않는 웃음"이라는 적나라한 표현을 통해 그 웃음을 발굴하려는 도저한 노력은 급기야 "저 웃음 전의 울음처럼 울음부터 울어 보기도"하는 정말 웃지 못할 해프닝을 보여 주기도 한다.

그런 웃음의 자동 기술 같은 천연성은 정말 우리 기성세대의 마인드에서 사라진 것일까를 고민하게 된다. 그런 가운데 화자가 목도한 것은 「순수의 기척」으로의 회귀적 발견인데, 그것이 바로 "신생아"의 천진무구한 웃음에 경도됨이고 거기에 주목함이다. 의도와 목적을 가지지 않은 자연스러운 웃음을 향한 시인의 한없는 끌림은 그러나 그마저도 쉽게 이뤄지지 않는다. 그런데 정솔에게 중요한 것은 "일생 아무 일 없었던 것처럼 웃고 싶은" 이런 시적 안목을 견지하는 것이다.

중요한 덕목이나 가치를 상실한 것을 모르는 것과 그 상실된 대상을 아는 것은 큰 차이가 있다. "순수의 기척"은 그런 의미에서 고유한 웃음의 가치를 회복할 수 있는 단초를 제공하는 시인의 역할을 에둘러 드러내는 가편이라 할 만하다.

지구에 편입된 새로운 직사각형의 세계

공전과 자전을 모르는 평면 속에 사는
유난히 손가락이 발달된 포노 사피엔스들

배고픈 포노 사피엔스가
사각의 중심을 손가락으로 터치하자
먹음직스러운 음식이 나오고 그중 맘에 드는 것을 골라 터치한다

한순간 입맛이 변했다면
이전으로 돌아가 다시 터치하면 그만

딩동!
배달원이 재빨리 문 앞에 통닭을 놓고
포노 사피엔스답게 카톡으로 사진을 전송하고 사라진다

시켜 본 자만이 맛을 안다
통닭을 부위별로 해체시키는 포노 사피엔스

혼자 먹어도 만찬인
포노 사피엔스의 집게손가락은 언제나 훌륭했으나

종종 터치에 중독돼 생활이 소화 불량에 걸리기도
했다

　　결제는 조건 없는 선결제
　　신용 불량자는 살 수 없는
　　　　　　　　　　　　―「포노 사피엔스」 전문

　비대면 소통의 전지구적 경향이 진행되는 현재의 거래 시스템을 시사적으로 그려 보이는 이 시편은 시대적 유행의 아이템이 거기에 적응하는 인간형을 재구성하고 동시에 새로이 명명한다는 측면도 더불어 보여 준다. 그런 차원에서 "포노 사피엔스phono sapiens"는 "집게손가락은 언제나 훌륭"하다고 믿는 터치스크린 방식의 세태를 거의 가감 없이 드러낸다. "배달원이 재빨리 문 앞에 통닭을 놓고/포노 사피엔스답게 카톡으로 사진을 전송하고 사라"지는 이 간편 문화의 사례는, 그 기본에 "손가락" 즉 핑거finger문화의 촉지력觸指力을 에둘러 보여 주는 획기적인 속도전의 의미와 함께 "혼자 먹어도 만찬인" 사회적 분위기를 한층 도드라지게 드러낸다.
　한 사회의 거래 시스템의 단적인 예를 보여 주면서 그것의 장단점을 보여 주는 것이 시 자체의 목적은 아닐 것이다. 그보다 더 중요한 것은 "터치하면 그만"이라는 언술에 좀 더 방점을 찍을 필요가 있다. 의사 결정이나 선택의 순간에 현대인들은 즉물적이고 즉각적인 자기 선호를 보여 주지만 그것만이 존재의 내밀한 의식을 다 대변하지는 않는다는 점일 수 있다. 어쩌면 현대인들의 선택적 결정이나 자기 기호의 발현이 하나의 시스템 안에서 자본적으로만 소비될 수 있다는 시인의 폭넓은 각성과 통찰이 이 시편의 내면에 작용하고 있는지도 모른다. 그런 층위에서 이 시는 선택과 선호가 분명히 존재하는 것 같지만 그럼에도 불구하고 아름다움의 깊이까지는 선택할 수 없는 현대인들의 또 다른 한계를 소비 시스템을 통해 에둘러 예시하는 것일 수도 있다.

> 제주 곶자왈에서 콩짜개덩굴이
> 백년 넘은 비자나무를 돌돌 감고 있었어요
>
> 감긴 콩짜개덩굴을
> 손톱으로 살살 긁어 종이컵에 담았어요
>
> 파란 이끼가 악착같이 따라붙었어요
>
> 컵 안의 콩짜개덩굴을 화장지로 말아
> 캐리어 속 깊숙이 넣었어요

가방이 온통 불안으로 무거웠어요

공항 검색대에서
간이 두 근 반 세 근 반 대였어요
차라리 숨을 쉬고 싶지 않았어요

집으로 돌아와
곶자왈처럼 썩은 나무 둥치에
콩짜개덩굴을 돌돌 감아 목부작을 해 주었어요

말아 놓은 덩굴이 맥없이 풀려요
손 탔다고 속상해하나 봐요
─「손」전문

  사물의 생태ecosystems를 바라보는 시인의 섬세하고 정밀한 관찰력은 사소한 정황 속에서도 여지없이 작동하여 그 저간의 사정을 의미 있게 묘파하는 데 능준하다. 사연은 이렇다. "백년이 넘는 비자나무를 돌돌 감고" 있는 "콩짜개덩굴을/손톱으로 살살 긁어 종이컵에 담"아 "공항 검색대"를 가슴을 조이며 무사히 통과했다. 그리고 "콩짜개덩굴을 돌돌 감아 목부작을 해 주었"는데도 "말아 놓은 덩굴이 맥없이" 청처짐하다는 것이 이 시편의 대강이다. 어찌 보면 야채기野採記의 형식을 취하고 있는 이 시의 시안詩眼은 야생의 숨탄 것이 시르죽는 것이 "손 탔다고 속상해"하는 대목에 있지 싶다. 사람의 손과 생명을 해치는 살煞이 겹쳐지면서 인간의 던적스러운 욕심과 자연 생태와의 상극적인 관계를 드러내는 데 묘의가 있다.

눈에 보이지 않는 생태의 변화와 기미를 간파하는 정솔 시인의 섬세하고 날카로운 눈썰미는 생명의 본래적인 심미적 가치를 해치는 것에 유독 예민하게 반응한다. 인간의 언어가 아니라도, 아픔이 아픔으로 전달되고 기쁨이 기쁨으로 확인되는 지점에 본래적인 소통이 끌밋하게 번진다. 그것은 바로 생명주의, 즉 상호주의의 적극적 해석으로 보아도 무리가 없어 보인다.

신성리 갈대는 쉼 없이 흔들린다

늦겨울인지 초봄인지 구분 안 가는 날씨를 헤집고
갈대는 사람을 불러들인다

철모르는 나는 오리털 잠바를 입고 겨울 사람처럼
갈대숲으로 들어가고 저기 철 아는 여인은 원피스에
청 재킷 입고 들어온다

흔들리는 갈대숲이 숨기 좋은 곳이라고 강물을 한
번 찍고 날아가는 저 물새도 남몰래 둥지를 틀어 놓
은 곳

넘실거리는 갈대숲에 생활에 발버둥 중인 나를 슬
며시 숨겨 놓는다

이제 나도 철 좀 들어야겠기에 나를 흔들어 보는

갈대숲
　　　　　　―「신성리 갈대숲」 전문

　은일銀逸과 자적의 시공간 속을 찾아 헤매는 화자는
"쉼 없이 흔들린" 그대로의 존재의 본향本鄕을 떠올리고
있는지도 모른다. 흔히들 갈등과 방황의 부정적인 성향
을 흔들림으로 보는 경향이 있지만, 시인에게 "신성리 갈
대숲"은 그런 부정성을 넘어서 "흔들리는 갈대숲"의 선
처善處로서의 자존을 함양하는 계기로 작용하는 듯하
다. 더불어 "생활에 발버둥 중인 나를 슬며시 숨겨" 주는
안식처로서의 정서적 기능도 함께 한다. 아마 그런 곳이
라면 예전에 미처 간과했던 자연과 존재의 미감을 새삼

재장구치는 미학적 장소와 시간으로 생동하지 않을까 싶다.

시인은 이런 미학적 인간이나 생명 기운의 충일한 상태를 지향하는 존재라면 거기에 합당한 자기 수행이 함께하기 마련이다. 그렇다면 그것은 존재를 둘러싼 대상들과 상호적인 인식의 호흡을 함께하는 것이며 동시에 미학적 심미성을 돋아낼 수 있게 부단히 "나를 흔들어 보는" 깨어 있음의 퍼포먼스를 멈추지 않는 것이어야 한다. 정체되지 않고 부단한 흔들림을 통해 일깨우듯 일궈내는 훤칠한 "갈대숲"처럼 정솔 시인은 그런 존재의 내밀하고 온유한 신성神聖을 향해 현실의 질곡을 무릅쓰고 나아가는 일을 멈추지 않는 근기를 보여 주고 있다.

사막여우가 우는 저녁

2025년 9월 12일 1판 1쇄 펴냄

지은이	정솔
펴낸이	김성규
편집	조혜주 최주연 권은하
디자인	신혜연
펴낸곳	걷는사람
주소	경기도 용인시 기흥구 동백중앙로 358-6, 7층 (본사)
	서울 마포구 월드컵로16길 51 서교자이빌 304호 (지사)
전화	031 281 2602 / 02 323 2602
팩스	02 323 2603
등록	2016년 11월 18일 제25100-2016-000083호

ISBN 979-11-7501-006-2 04810

ISBN 979-11-89128-01-2 (세트)

* 이 책 내용의 전부 또는 일부를 재사용하려면 반드시 지은이와 출판사의 동의를 얻어야 합니다.
* 잘못된 책은 교환해 드립니다.
* 이 책은 충청북도 의 후원을 받아 2025 예술창작활동지원사업의 일환으로 발간되었습니다.